Divino Espírito Santo

Elam de Almeida Pimentel

Divino Espírito Santo

Invocado para que nos
conceda seus dons

Novena e ladainha

Petrópolis

© 2023, Editora Vozes Ltda.
Rua Frei Luís, 100
25689-900 Petrópolis, RJ
www.vozes.com.br
Brasil

1ª edição, 2012.
2ª reimpressão, 2025.

Todos os direitos reservados. Nenhuma parte desta obra poderá ser reproduzida ou transmitida por qualquer forma e/ou quaisquer meios (eletrônico ou mecânico, incluindo fotocópia e gravação) ou arquivada em qualquer sistema ou banco de dados sem permissão escrita da editora.

CONSELHO EDITORIAL

Diretor
Volney J. Berkenbrock

Editores
Aline dos Santos Carneiro
Edrian Josué Pasini
Marilac Loraine Oleniki
Welder Lancieri Marchini

Conselheiros
Elói Dionísio Piva
Francisco Morás
Teobaldo Heidemann
Thiago Alexandre Hayakawa

Secretário executivo
Leonardo A.R.T. dos Santos

PRODUÇÃO EDITORIAL

Anna Catharina Miranda
Eric Parrot
Jailson Scota
Marcelo Telles
Mirela de Oliveira
Natália França
Priscilla A.F. Alves
Rafael de Oliveira
Samuel Rezende
Verônica M. Guedes

Editoração: Fernando Sergio Olivetti da Rocha
Diagramação: Sheilandre Desenv. Gráfico
Capa: Omar Santos

ISBN 978-85-326-4321-6

Este livro foi composto e impresso pela Editora Vozes Ltda.

Sumário

1. Apresentação, 6
2. Culto ao Divino Espírito Santo, 7
3. Dons do Espírito Santo, 9
4. Novena ao Divino Espírito Santo, 10
   1º dia, 10
   2º dia, 11
   3º dia, 13
   4º dia, 14
   5º dia, 16
   6º dia, 17
   7º dia, 18
   8º dia, 19
   9º dia, 20
5. Orações ao Divino Espírito Santo, 23
6. Coroa do Divino Espírito Santo (Para se conseguirem dons), 27
7. Ladainha ao Divino Espírito Santo, 30

1
APRESENTAÇÃO

O Espírito Santo é a terceira pessoa da Santíssima Trindade. Apareceu, em forma de pomba, quando Jesus foi batizado no Rio Jordão por João Batista. Desceu do céu, com aparência de línguas de fogo, sobre a cabeça dos apóstolos e de Nosso Senhor, 50 dias após a ressurreição de Cristo, e este dia passou a ser lembrado como o Dia de Pentecostes. Pentecostes é Deus em nós, é Deus que nos faz viver com Deus.

Esta novena é dedicada à ação do Espírito Santo em nós, para que Ele nos conceda seus dons: sabedoria, entendimento, ciência, conselho, fortaleza, piedade, temor de Deus.

Este livrinho contém a novena do Espírito Santo, orações, ladainha, a coroa do Espírito Santo. Durante a novena, os devotos refletirão sobre breves passagens do Evangelho, seguidas de uma oração para o pedido da graça especial, acompanhada de uma jaculatória ao Espírito Santo.

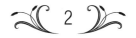

CULTO AO DIVINO ESPÍRITO SANTO

O culto ao Divino Espírito Santo, em suas diversas manifestações, é uma das mais antigas e difundidas práticas do catolicismo popular brasileiro. Sua origem remonta às celebrações realizadas em Portugal a partir do século XVI, nas quais a terceira pessoa da Santíssima Trindade era festejada com banquetes e distribuição de esmolas aos pobres.

Essas celebrações aconteciam cinquenta dias após a Páscoa, comemorando o Dia de Pentecostes, quando o Espírito Santo desceu do céu sobre os apóstolos sob a forma de línguas como de fogo, segundo o Novo Testamento.

É provável que o costume de festejar o Espírito Santo tenha chegado ao Brasil já nas primeiras décadas da colonização. Hoje a Festa do Divino é realizada em quase todas as regiões do país, embora com características distintas, mas mantendo elementos em comum: a pomba branca e a coroa, a coroação de imperadores e distribuição de esmolas.

Os cristãos creem que é o Espírito Santo que conduz as pessoas à fé em Jesus Cristo e é Ele que lhes dá a capacidade para viverem uma vida verdadeiramente cristã. O Espírito Santo figurativamente habita dentro de nós, e se manifesta em ações de graça, guiando-nos no caminho da verdade. Os "Frutos do Espírito Santo", isto é, o resultado da sua influência é amor, alegria, paz, longanimidade, benignidade, bondade, fé, mansidão para nós.

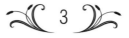

Dons do Espírito Santo

Os sete dons do Espírito Santo nos ajudam a entender os planos de Deus para nós e também nos capacitam para superar o perigo da indiferença, do medo, amando a Deus como Pai. Mesmo no meio dos desafios e problemas, os dons estimulam a nós, cristãos, a lutarmos por justiça, por um mundo mais humano, mais justo, perseverando na esperança e fé.

Os dons são os indícios da ação do Espírito Santo sobre nós, porém sem nos tornarmos acomodados, levando-nos, ao tomarmos conhecimento de nossos dons, a um aumento em nossa espiritualidade, participando ativamente da sociedade em que vivemos.

Os sete dons são:
1) Sabedoria;
2) Entendimento;
3) Ciência;
4) Conselho;
5) Fortaleza;
6) Piedade;
7) Temor de Deus.

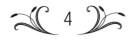

Novena ao Divino Espírito Santo

1º dia

Iniciemos com fé este primeiro dia de nossa novena, invocando a presença da Santíssima Trindade: em nome do Pai, do Filho e do Espírito Santo. Amém.

Leitura do Evangelho: Jo 14,17

Ele é o Espírito da verdade, que o mundo não pode receber porque não o vê nem o conhece. Vós o conheceis porque permanece convosco e está em vós.

Reflexão

O Espírito da Verdade mencionado nesta passagem do Evangelho de João é a força do Espírito Santo, Espírito que impulsionou e dirigiu a vida de Jesus. Por isso vamos pedir ao Espírito Santo que permaneça sempre conosco e que nos ajude a aceitar sem reservas a sua ação em nós.

Oração

Divino Espírito Santo, vinde em meu socorro, ajudando-me a... (fazer o pedido). Dai-me coragem e esperança e fortalecei minha fé em Jesus, Nosso Senhor. Amém.

Vinde, Espírito Santo, enchei os corações dos vossos fiéis e acendei neles o fogo do vosso amor. Enviai o vosso Espírito, e tudo será criado. E renovareis a face da terra.

2º dia

Iniciemos com fé este segundo dia de nossa novena, invocando a presença da Santíssima Trindade: em nome do Pai, do Filho e do Espírito Santo. Amém.

Leitura bíblica: Sb 7,22-30

Há nela um espírito inteligente e santo, único, múltiplo, sutil, ágil, perspicaz, sem mancha, límpido, invulnerável, amante do bem, penetrante, incoercível, benfazejo, humanitário, constante, seguro, sem inquietações, que tudo pode, que tudo supervisiona, e penetra todos os espíritos, os inteligentes, os puros, os mais sutis. Pois a sabedoria é mais móvel do que qualquer movimento, atravessa e penetra tudo por causa de sua pureza. É um sopro do poder de Deus, emanação pura da glória do Todo-poderoso; por isso, nada de impuro pode insinuar-se nela. É um reflexo da luz eterna, espelho sem mancha da atividade de Deus e imagem de sua bondade. Embora sendo uma só, tudo pode; permanecendo imutável, tudo renova. E, entrando nas almas santas, através das gerações, forma os amigos de Deus e os profetas, pois Deus ama somente a quem convive com a sabedoria. Ela é de fato mais bela que o sol e supera todas as constelações. Comparada à luz, ela tem a primazia, pois a luz cede lugar à noite, mas sobre a sabedoria não prevalece o mal.

Reflexão

A sabedoria tudo sabe e tudo compreende. Ela nos guia e nos protege em nossas ações. Através da sabedoria conhecemos a vontade de Deus e a força de seu amor. Ele tudo criou com sua palavra, sua sabedoria. Com a sabedoria que vem de Deus podemos viver em pleno caminho da solidariedade junto a nossos semelhantes.

Oração

Divino Espírito Santo, concedei-me o seu dom de sabedoria para que ela me acompanhe e participe da minha vida, principalmente neste difícil momento de minha vida... (falar o problema que está enfrentando) e a Vós suplico a graça de que tanto necessito... (fazer o pedido).

Vinde, Espírito Santo, enchei os corações dos vossos fiéis e acendei neles o fogo do vosso amor. Enviai o vosso Espírito, e tudo será criado. E renovareis a face da terra.

3º dia

Iniciemos com fé este terceiro dia de nossa novena, invocando a presença da Santíssima Trindade: em nome do Pai, do Filho e do Espírito Santo. Amém.

Leitura bíblica: 1Rs 3,11-12

> Por isso, Deus lhe respondeu: "Já que pediste estes dons e não pediste para ti longos anos de vida, nem riquezas, nem a vida dos teus inimigos, mas pediste o discernimento para ministrar a justiça, cumprirei o teu pedido. Eu te dou um coração tão sábio e prudente como se não houvesse nenhum outro antes de ti e nem haverá depois [...]".

Reflexão

Esta passagem bíblica refere-se ao Rei Salomão, seguidor dos preceitos divinos, que, amando muito ao Senhor, pede, em sonho, orientações para melhor governar, pedindo ao Senhor um "coração atento para julgar o seu povo e discernir entre o bem e o mal".

O dom solicitado por Salomão a Deus foi o do discernimento, do entendimento para perceber com clareza os fatos ocorridos, lutando para ser justo. Com este dom podemos compreender melhor a palavra divina, os acontecimentos que nos envolvem, procurando conhecer as "verdades reveladas", vivendo de acordo com a vontade divina. Peçamos ao Divino Espírito Santo que nos conceda o entendimento necessário para compreender a Palavra de Deus em nossa vida e na vida de nosso próximo.

Oração

Divino Espírito Santo, libertai-nos do egoísmo e da vaidade. Que o entendimento que vem de Deus nos ajude a praticar a justiça sempre, sabendo discernir entre o bem e o mal.

Poderoso Espírito Santo, vinde em meu socorro, ajudando-me a ... (fazer o pedido).

Vinde, Espírito Santo, enchei os corações dos vossos fiéis e acendei neles o fogo do vosso amor. Enviai o vosso Espírito, e tudo será criado. E renovareis a face da terra.

4º dia

Iniciemos com fé este quarto dia de nossa novena, invocando a presença da Santíssima Trindade: em nome do Pai, do Filho e do Espírito Santo. Amém.

Leitura bíblica: 1Cor 14,1-5

> Procurai o amor e aspirai aos dons espirituais, sobretudo ao da profecia. Aquele que fala em línguas não fala para as pessoas e sim para Deus. Ninguém o entende, pois fala coisas misteriosas sob a ação do Espírito. Aquele, porém, que profetiza fala para as pessoas, para edificá-las, exortá-las e consolá-las. Aquele que fala em línguas edifica-se a si mesmo, mas quem profetiza edifica a comunidade. Desejo que todos faleis em línguas, porém desejo muito mais que profetizeis.

Reflexão

O dom mencionado nesta passagem bíblica ajuda a enxergar além das aparências, sendo mencionado pela tradição como o dom da ciência. Com ele, procura-se conhecer os melhores caminhos que nos levam a Deus, bem como ele nos auxilia a compreender melhor a realidade por nós vivida.

O dom da ciência é a capacidade de descobrir, inventar, recriar formas e maneiras de salvar o ser humano e a natureza. Leva-nos a uma maior participação nas lutas diárias.

Oração

Espírito Santo, concedei-me o dom da ciência, para que possa conhecer melhor os caminhos que me levam a Vós, vivendo na fé, na esperança e na caridade.

Espírito Santo, vinde em meu auxílio neste difícil momento... (falar o problema enfrentado e a graça que se deseja alcançar).

Vinde, Espírito Santo, enchei os corações dos vossos fiéis e acendei neles o fogo do vosso amor. Enviai o vosso Espírito, e tudo será criado. E renovareis a face da terra.

5º dia

Iniciemos com fé este quinto dia de nossa novena, invocando a presença da Santíssima Trindade: em nome do Pai, do Filho e do Espírito Santo. Amém.

Leitura do Evangelho: Lc 12,12

[...] Porque nessa hora o Espírito Santo vos ensinará o que deveis fazer.

Reflexão

O Espírito Santo nos aconselha; este é o dom do conselho que se refere à graça de Deus, que nos orienta a tomar as decisões certas no momento certo. Com este dom podemos orientar e ajudar a quem precisa, dando ânimo a quem está vivendo uma situação desesperadora.

Oração

Espírito Santo, olhai por mim e concedei-me o vosso conselho neste momento tão importante... (falar a situação que se está enfrentando). Ajudai-me a escolher adequadamente o melhor caminho para o meu crescimento espiritual também.

Vinde, Espírito Santo, enchei os corações dos vossos fiéis e acendei neles o fogo do vosso amor. Enviai o vosso Espírito, e tudo será criado. E renovareis a face da terra.

6º dia

Iniciemos com fé este sexto dia de nossa novena, invocando a presença da Santíssima Trindade: em nome do Pai, do Filho e do Espírito Santo. Amém.

Leitura bíblica: 2Tm 1,7

> Pois Deus não nos deu um espírito de timidez, mas de fortaleza, amor e sobriedade [...].

Reflexão

Espírito de fortaleza, de amor é o dom nos dado pelo Espírito Santo, que nos encoraja para enfrentar as dificuldades da vida e da fé. Ajuda também os jovens a terem esperança no futuro, os pais a assumirem com alegria seus deveres e as lideranças a buscarem uma sociedade mais fraterna.

Oração

Espírito Santo, concedei-nos o dom da fortaleza perante os sofrimentos e ofensas. Que a fortaleza de Deus nos ampare e nos faça fortes para vencer o mal. Confiante em vosso poder, eu vos peço... (pedir a graça a ser alcançada).

Vinde, Espírito Santo, enchei os corações dos vossos fiéis e acendei neles o fogo do vosso amor. Enviai o vosso Espírito, e tudo será criado. E renovareis a face da terra.

7º dia

Iniciemos com fé este sétimo dia de nossa novena, invocando a presença da Santíssima Trindade: em nome do Pai, do Filho e do Espírito Santo. Amém.

Leitura bíblica: 1Tm 4,8-11

> Exercita-te na piedade. Com efeito, a ginástica corporal é de pouco proveito, mas a piedade é útil para tudo. Ela tem promessas para a vida presente e para a futura. Eis uma palavra digna de fé e de toda aceitação: Se trabalhamos e lutamos é porque esperamos em Deus vivo, que é o Salvador de todos, sobretudo dos que têm fé. É isto que deves determinar e ensinar.

Reflexão

Ter piedade é cultivar com profundidade a oração; este é o dom da intimidade e da mística que nos leva a um diálogo com Deus através da oração. Assim podemos cumprir nossos deveres para com Deus.

Oração

Espírito Santo, concedei-me o dom da piedade, ajudando-me a amar a Deus mesmo nos momentos de dor.

Fortalecei minha fé. Dai-me coragem e esperança. Eu vos peço que venha em meu auxílio, ajudando-me a... (fazer o pedido).

Vinde, Espírito Santo, enchei os corações dos vossos fiéis e acendei neles o fogo do vosso amor. Enviai o vosso Espírito, e tudo será criado. E renovareis a face da terra.

8º dia

Iniciemos com fé este oitavo dia de nossa novena, invocando a presença da Santíssima Trindade: em nome do Pai, do Filho e do Espírito Santo. Amém.

Leitura bíblica: At 9,31

A Igreja gozava, então, de paz por toda a Judeia, Galileia e Samaria. Ela crescia, andava no temor do Senhor e, pelo impulso do Espírito Santo, aumentava em número.

Reflexão

Temor a Deus é recear ofender a Ele, é respeito pelo Senhor, baseado no amor a Deus. O temor, o respeito a Deus é o dom que nos é dado e "que volta para Deus, porque, quando nos relacionamos bem com nossos irmãos, nos relacionamos bem com Deus".

Oração

Espírito Santo, concedei-nos o dom do temor a Deus, para nunca ofender o nosso próximo, imagem de Deus, perdoando-o quando necessário perdoar.

Divino Espírito Santo, atendei ao pedido especial que faço nesta novena... (fazer o pedido).

Vinde, Espírito Santo, enchei os corações dos vossos fiéis e acendei neles o fogo do vosso amor. Enviai o vosso Espírito, e tudo será criado. E renovareis a face da terra.

9º dia

Iniciemos com fé este nono dia de nossa novena, invocando a presença da Santíssima Trindade: em nome do Pai, do Filho e do Espírito Santo. Amém.

Leitura do Evangelho: Jo 15,4

Permanecei em mim e eu permanecerei em vós. O ramo não pode dar fruto por si mesmo se não permanecer na videira. Assim também vós, se não permanecerdes em mim.

Reflexão

Esta passagem do Evangelista João mostra a importância de se encontrar Jesus e nele permanecer, seguindo seus preceitos divinos. A permanência em Jesus é a condição para a paz e alegria, pois viver nossa vida no Reino de Deus quer dizer que Cristo está dentro de nós. É preciso, portanto, permanecer em Deus e consentir que Ele permaneça em nós. Conseguimos a permanência em Cristo na força que o Espírito Santo nos infunde em sua ação em nós.

Peçamos ao Espírito Santo que nos infunda amor por Deus, por sua palavra, ajudando-nos a vivê-la.

Oração

Vinde, Espírito Santo, transformai o nosso coração.

A vós pedimos os seus frutos:

• O fruto da caridade, para amar a Deus de todo o coração e ao próximo como a nós mesmos.

• O fruto da alegria, para vivermos intimamente consolados, sem nunca desanimar, por maior que for o sofrimento.

• O fruto da paz, para vivermos espiritualmente serenos, ainda que estejamos passando as maiores tribulações internas ou externas.

• O fruto da paciência, para enfrentar qualquer coisa por amor a Deus.

• O fruto da benignidade, para sermos solidários com todos.

• O fruto da bondade, para sermos atenciosos para os mais necessitados.

• O fruto da longanimidade, para esperar por momentos melhores sem aflições.

• O fruto da mansidão, para suportar as ofensas sem perder a calma.

• O fruto da fé, para crer na Palavra de Deus.

• O fruto da modéstia, para respeitar os outros.

• O fruto da pureza, para conservar nosso espírito sempre bom.

• O fruto da castidade, para que respeitemos o nosso corpo e o de nossos semelhantes.

Ó Divino Espírito Santo, Espírito de luz e de amor, que o meu coração seja inflamado de amor de Deus e do próximo.

Orações ao Divino Espírito Santo

Oração 1

Vinde, Espírito Santo, enchei os corações dos vossos fiéis e acendei neles o fogo do vosso amor. Enviai o vosso Espírito, e tudo será criado. E renovareis a face da terra.

Ó Deus, que iluminastes os corações de vossos fiéis com as luzes do Espírito Santo, concedei-nos que pelo mesmo Espírito saibamos o que é reto e gozemos sempre de suas divinas consolações. Por Cristo Nosso Senhor. Amém.

Espírito de amor e de verdade, antes da santificação de nossas almas, adoro-vos como princípio de minha felicidade eterna; muitas graças vos dou como soberano dispensador dos benefícios que do céu recebo e vos invoco como a fonte das luzes e da fortaleza que me são necessárias para conhecer o bem e poder praticá-lo. Espírito de luz e fortaleza, iluminai meu entendimento, fortificai minha vontade, purificai meu coração, regulai todos os meus movimentos e fazei-me dócil a todas as vossas inspirações. Espírito consolador, aliviai as penas e trabalhos que me afligem neste vale de lágrimas... (mencionar a situação que se está enfrentando), dai-me o dom da conformidade e da paciência, para que mereça, neste mundo, fazer penitência dos meus pecados e gozar, no outro, da luz beatífica. Amém.

Oração 2

Ó Divino Espírito Santo, desce sobre mim com tua luz, que a tua luz me perpasse inteiramente. Cura-me física, psíquica e espiritualmente. Concede-me os teus dons, os teus frutos e os teus carismas. Concede-me o dom da sabedoria, o dom da ciência, o dom do entendimento, o dom do conselho, o dom da fortaleza, o dom da piedade, o dom do temor de Deus, o dom dos milagres, o dom da palavra, o dom das línguas, o dom do discernimento, o dom da profecia, o dom da cura. Batiza-me, Divino Espírito Santo. Lava-me com teu precioso sangue, queima-me com o fogo do teu amor, liberta-me, desamarra-me de todo o condicionamento, de todo o trauma, de toda a dor, de toda a doença.

JESUS, JESUS, JESUS, és Tu quem curas. Cura-me inteiramente. JESUS, eu te adoro, te agradeço, te amo.

Peço-te uma grande cura interior. Liberta-me de todas as consequências do pecado original. Concede-me muita fé, esperança, caridade, paciência, bondade, justiça, alegria e paz.

PAZ, PAZ, PAZ. Concede-me muita paz, saúde, alegria para todos nós, ó JESUS.

JESUS, o teu nome é forte. Ao teu nome todos os joelhos se dobram no céu e na terra.

Glória e louvor a ti. Ó CRISTO, em teu nome damos ordens para que, se for de tua vontade, estas doenças, estas dores, estes desentendimentos, estas dificuldades se afastem de nós (cite nomes...).

Em teu nome damos ordens às células sadias para que tomem conta das células que não estão bem.

Em nome de JESUS será curado.

AMÉM.

(Obs.: Se você estiver rezando para outra pessoa, diga cura, concede a... (nome).)

Oração 3

Ó Espírito Santo! Dai-me um coração grande, aberto a vossa silenciosa e forte palavra inspiradora; fechado a todas as ambições mesquinhas; alheio a qualquer desprezível competição humana; compenetrado do sentido da Santa Igreja!

Um coração grande, desejoso de se tornar semelhante ao coração do Senhor Jesus!

Um coração grande e forte, para amar a todos, para servir a todos, para sofrer por todos!

Um coração grande e forte, para superar todas as provações, todo o tédio, todo o cansaço, toda a desilusão, toda a ofensa!

Um coração grande e forte, e constante até o sacrifício, quando for necessário!

Um coração cuja felicidade é palpitar com o Coração de Cristo, e cumprir humilde, fiel e virilmente a vontade do Pai. Amém.

Oração 4

Divino Espírito Santo, amor eterno do Pai e do Filho, eu te adoro, louvo e amo. Peço-te perdão por todas as vezes que te ofendi em mim e no meu próximo. Vem, com a plenitude de teus dons, nas ordenações, nas consagrações e nas crismas. Ilumina, santifica, aumenta o zelo apostólico.

Espírito de verdade, consagro-te a minha inteligência, imaginação e memória: ilumina-me, dá-me a conhecer Jesus Cristo Mestre. Revela-me o sentido profundo do teu evangelho e de tudo o que ensina a Santa Igreja. Concede-me o dom da sabedoria, da ciência, da inteligência, do conselho.

Espírito santificador, consagro-te a minha vontade: conduz-me sempre e em tudo conforme a vontade do Pai. Concede-me o dom da fortaleza e o santo temor de Deus.

Espírito de vida, consagro-te o meu coração: faze crescer em mim a vida divina. Concede-me o dom da piedade. Amém.

Coroa do Divino Espírito Santo

(Para se conseguirem dons)

Esta devoção originou-se de uma exortação do Sumo Pontífice Leão XIII. Com efeito, o mesmo Santo Padre, em breve de 5 de maio de 1895, aconselhando os católicos a fazerem devotamente a novena do Espírito Santo, sugeria como fórmula de uma prece especial a seguinte invocação, que recomenda seja insistentemente repetida.

Enviai o vosso Espírito e tudo será criado; e renovareis a face da terra.

(Modo de recitar a Coroa do Espírito Santo)
Deus, vinde em nosso auxílio.
Senhor, socorrei-nos e salvai-nos.
Glória ao Pai etc.

Primeiro mistério – Vinde, Espírito Santo de Sabedoria, desprendei-nos das coisas da terra e infundi-nos o amor e o gosto pelas coisas do céu.

• Vinde, Espírito Santo, enchei os corações dos vossos fiéis e acendei neles o fogo do vosso amor, vinde e renovai a face da terra. (Repete-se sete vezes a mesma invocação e, no fim, esta outra a Maria.)

• Ó Maria, que, por obra do Espírito Santo, concebestes o Salvador, Rogai por nós.

Segundo mistério – Vinde, Espírito de Entendimento, ilumina a nossa mente com a luz da eterna verdade e enriquecei-a de santos pensamentos.

(Vinde, Espírito Santo... – sete vezes e, no fim, Ó Maria...)

Terceiro mistério – Vinde, Espírito de Conselho, fazei-nos dóceis às vossas inspirações e guiai-nos no caminho da salvação.

(Vinde, Espírito Santo... – sete vezes e, no fim, Ó Maria...)

Quarto mistério – Vinde, Espírito de Fortaleza, dai-nos força, constância e vitória nas batalhas contra os nossos inimigos espirituais.

(Vinde, Espírito Santo... – sete vezes e, no fim, Ó Maria...)

Quinto mistério – Vinde, Espírito de Ciência, sede o mestre de nossas almas e ajudai-nos a pôr em prática os vossos santos ensinamentos.

(Vinde, Espírito Santo... – sete vezes e, no fim, Ó Maria...)

Sexto mistério – Vinde, Espírito de Piedade, vinde morar em nosso coração, tomai conta e santificai todos os seus afetos.

(Vinde, Espírito Santo... – sete vezes e, no fim, Ó Maria...)

Sétimo mistério – Vinde, Espírito Santo, Temor de Deus, reinai em nossa vontade e fazei que estejamos sempre dispostos a tudo sofrer, antes que vos ofender.

(Vinde, Espírito Santo... – sete vezes e, no fim, Ó Maria...)

Oração ao Divino Espírito Santo

Ó, Divino Espírito Santo, Vós que me esclareceis de tudo, que iluminais todos os meus caminhos para que eu possa atingir a felicidade, Vós que me concedeis o sublime dom de perdoar e esquecer as ofensas e até o mal que tenham feito, a Vós, que estais comigo em todos os instantes, eu quero humildemente agradecer por tudo o que sou, por tudo que tenho e confirmar uma vez mais a minha intenção de nunca me afastar de Vós por maior que seja a ilusão ou tentação materiais, com a esperança de um dia merecer e poder juntar-me a Vós e a todos os meus irmãos, na perpétua glória e paz.

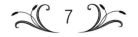

Ladainha ao Divino Espírito Santo

Senhor, tende compaixão de nós.
Jesus Cristo, tende compaixão de nós.
Senhor, tende compaixão de nós.

Pai onipotente e eterno, tende compaixão de nós.
Jesus, Filho eterno do Pai e redentor do mundo, salvai-nos.
Espírito do Pai e do Filho, amor eterno de um e de outro, santificai-nos.
Trindade Santa, atendei-nos.
Espírito Santo, que procedeis do Pai e do Filho, vinde a nós.
Divino Espírito, igual ao Pai e ao Filho, vinde a nós.
A mais terna e generosa promessa do Pai, vinde a nós.
Dom de Deus altíssimo, vinde a nós.
Raio de luz celeste, vinde a nós.
Autor de todo o bem, vinde a nós.
Fonte de água viva, vinde a nós.
Fogo consumidor, vinde a nós.
Unção espiritual, vinde a nós.

Espírito de amor e verdade, vinde a nós.
Espírito de sabedoria e inteligência, vinde a nós.
Espírito de conselho e fortaleza, vinde a nós.
Espírito de ciência e piedade, vinde a nós.
Espírito de temor ao Senhor, vinde a nós.
Espírito de graça e oração, vinde a nós.
Espírito de paz e doçura, vinde a nós.
Espírito de modéstia e pureza, vinde a nós.
Espírito consolador, vinde a nós.
Espírito santificador, vinde a nós.
Espírito que governais a Igreja, vinde a nós.
Espírito que encheis o universo, vinde a nós.
Espírito de acréscimo de filhos de Deus, vinde a nós.
Espírito Santo, atendei-nos.
Vinde renovar a face da terra.
Derramai a vossa luz no nosso espírito.
Gravai a vossa lei no nosso coração.
Abrasai o nosso coração no fogo do vosso amor.
Abri-nos o tesouro das vossas graças.
Ensinai-nos como quereis que a peçamos.
Iluminai-nos pelas vossas celestes inspirações.
Concedei-nos a ciência que é a única necessária.
Formai-nos na prática do bem.
Dai-nos os merecimentos das vossas virtudes.
Fazei-nos perseverar na justiça.
Sede Vós a recompensa eterna.

Cordeiro de Deus, que tirais o pecado do mundo, enviai-nos o Divino Consolador.

Cordeiro de Deus, que tirais o pecado do mundo, enchei-nos dos dons do vosso Espírito.

Cordeiro de Deus, que tirais o pecado do mundo, fazei crescer em nós os frutos do Espírito Santo.

V. Enviai o vosso Espírito e tudo será criado.
R. E renovareis a face da terra.

Oremos: O vosso Divino Espírito nos esclareça, inflame e purifique e, penetrando-nos com o seu celeste orvalho, nos faça fecundos em boas obras por Jesus Cristo Nosso Senhor. Assim seja.

Catecismo Abreviado

Para preparação à primeira
comunhão precoce

77ª Edição

5ª Reimpressão